这是……………………………………的书哦！

在这里画上你的自画像吧！

本书使用指南

从自己喜欢的一页开始阅读吧！

如果有解不开的问题也没关系哦！

看一看参考答案，

然后再试一次吧！

完成了一个游戏之后，就要把这一页上的

标记涂上颜色哦！

不过，书上也许还会有其他标记，一起找找看吧！

专注力想象力大冒险

〔日〕日本白杨社◎编著
陈泽宇◎译

海峡出版发行集团 THE STRAITS PUBLISHING & DISTRIBUTING GROUP | 福建科学技术出版社 FUJIAN SCIENCE & TECHNOLOGY PUBLISHING HOUSE

目录

1
小动物的聚会
小动物们在树林里聚会。
让我们找一找都有哪些小动物。
●请找出三只小松鼠，快看一看它们都藏在哪里。
●快看！居然还有小猪呢！小朋友你找到它了吗？

2

盛开的玫瑰花

院子里美丽的玫瑰花开啦！
快看！那里居然盛开了一朵金色的玫瑰花！

●沿着绿色的花茎，让我们一起去看终点处的金色玫瑰花吧！

终点

寒冬时节的海盗团

哎呀！天气好冷呀！不过，居然在大海的冰面上发现了宝藏！不快点去拿到宝藏的话，宝藏就要被别人拿走了呢！

- 沿着冰面的裂缝向着终点处的宝藏前进吧！
- 小朋友要仔细想一想，到底海盗从哪里出发才能顺利找到宝藏。

起点

终点

小熊是钓鱼达人

快看！鱼儿上钩啦！不过，鱼儿咬住的是哪一根鱼线上的鱼钩呢？

小兔子一定也会惊讶小熊钓到了大鱼。

- 终点处有一条咬住鱼钩的鱼儿，小朋友快顺着鱼线去抓它吧！
- 鱼线断掉的地方是不可以通过的哦！

去辽阔的大海探险

在晴朗的天空和耀眼的太阳下快乐地前进！
出发！去海上冒险啦！

● 将图中的点按照从1到30的顺序连接起来，小朋友快来猜一猜到底会出现什么样的图案呢？

葡萄园里的追逐战

拿着爱心手杖的小精灵其实是可怕的魔鬼哦！
小朋友帮助拿着星星手杖的小精灵一起抓住终点处拿着爱心手杖的小精灵吧！

- 沿着葡萄藤一起去寻找拿着爱心手杖的小精灵吧！
- 有小蜜蜂和大蜘蛛的地方是不可以通过的哦！

8

动物园里的人气王

郊游的时候我好不容易画的画变得乱七八糟！小朋友你能看出来我画的是什么动物吗？

●要仔细看动物身体上的图案哦！

●小提示：这种动物的脖子很长哦！

一起来找东西吧

房间里乱七八糟，小男孩找不到他想要的东西了。小朋友你能帮他一起找一找吗？

●请从图中找出小男孩想要的五样东西。

你就是大艺术家

你的画在美术馆里展出了哦！
到底是什么样的画呢？快点在空白处画上自己喜欢的图案吧！

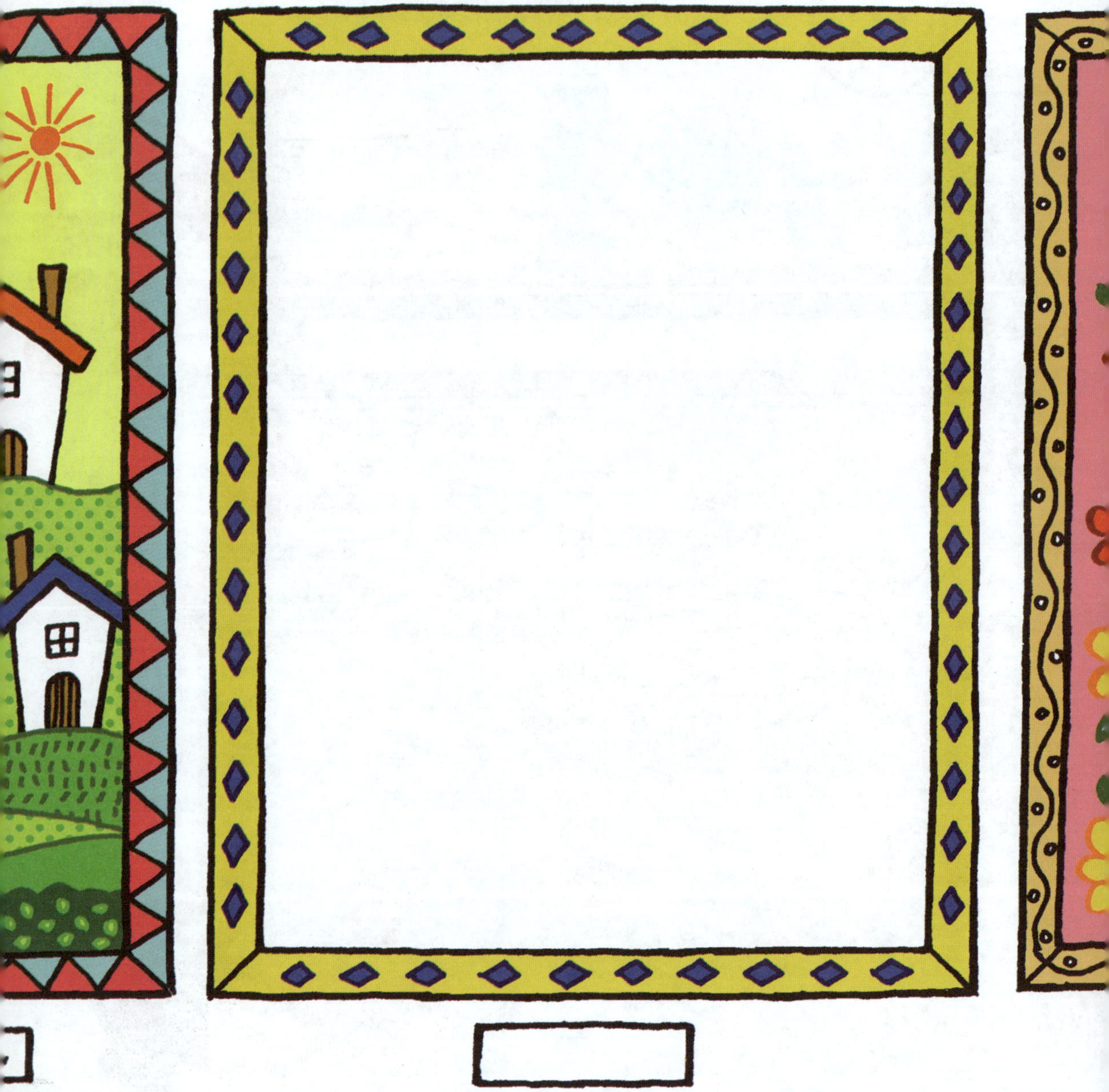

想吃鱼的小企鹅

让我们和小企鹅一起沿着冰面去寻找终点处的小企鹅吧！
小朋友，你一定也想和它们一起捉鱼吃吧！

●有其他小企鹅或者其他海洋动物玩耍的地方就不可以通过了哦！

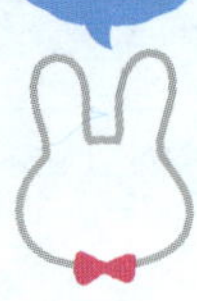

和你一起去全世界

将下图中有绿色圆点的空格涂满颜色，就会出现超级帅气的交通工具哦！

小朋友快涂涂看，到底会出现什么呢？

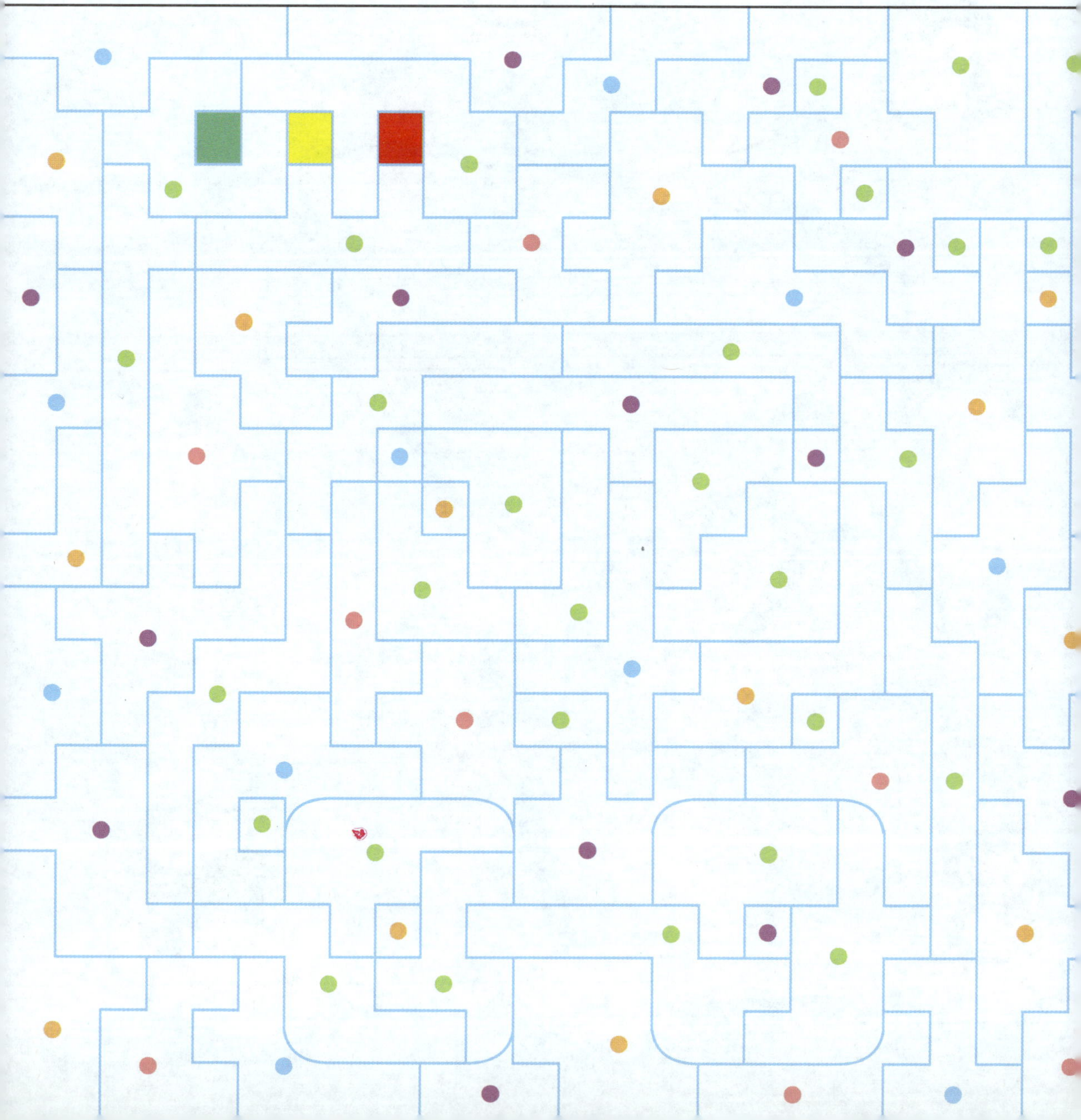

和小黄鸟一起玩耍

小粉鸟很想和小黄鸟一起玩耍呢！
小朋友，让我们一起带着小粉鸟去终点处寻找小黄鸟吧！

- 从起点出发，沿着树枝向着终点前进吧！
- 有其他小鸟的地方是不可以通过的哦！

乱七八糟的首饰盒

哎呀！我喜欢的首饰盒变得乱七八糟的！
一定得好好收拾一下了！

● 请小朋友按照示例，将首饰盒分成不同区域，使得每个区域内都各有一条项链、一枚胸针、一根橡皮筋和一枚戒指。

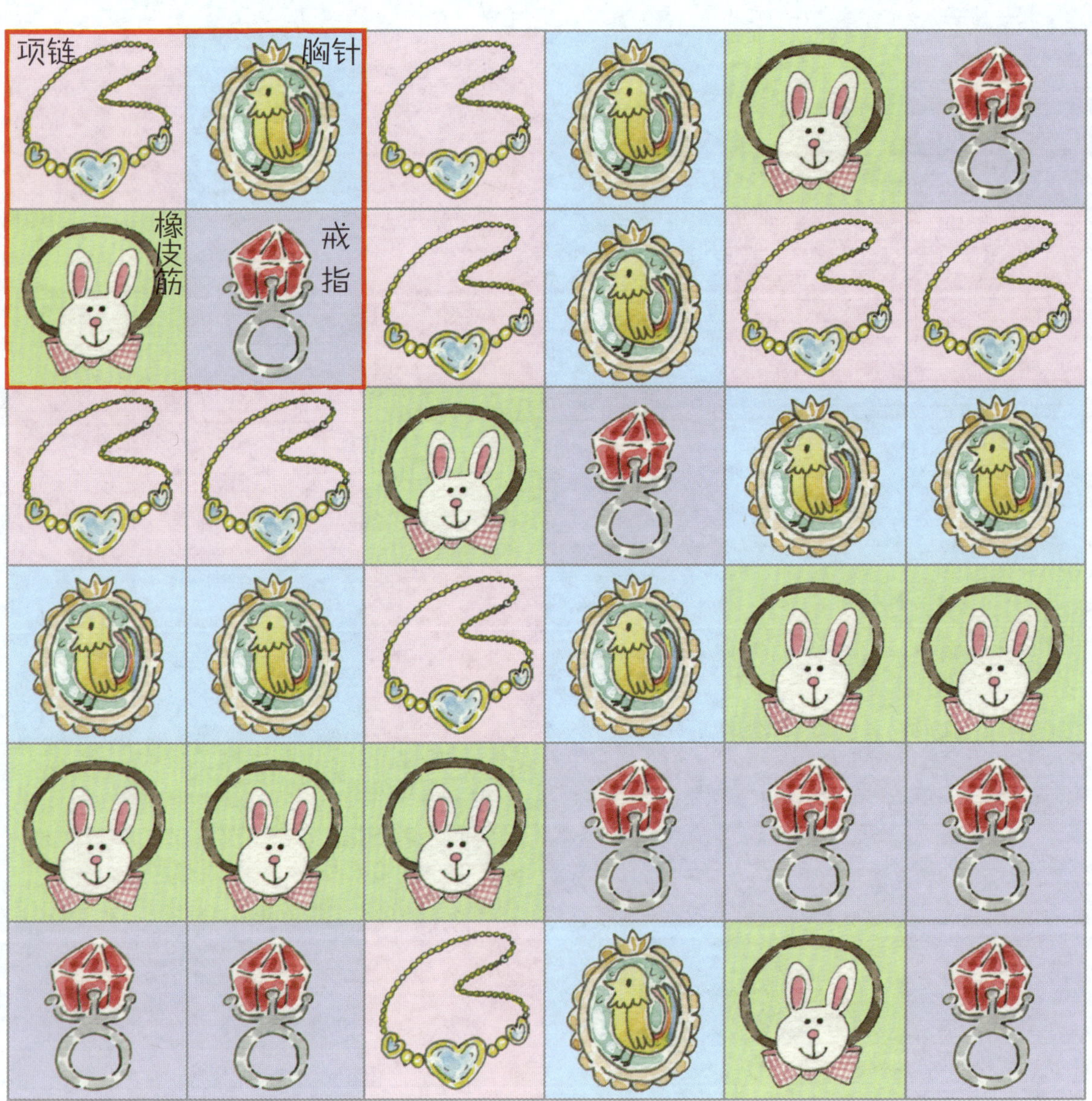

欢迎来到幽灵之城

欢迎你来到幽灵之城和我一起玩耍！
不过你要小心，不要被幽灵和吸血鬼发现哦！

●小朋友你能顺利地到达幽灵之城吗？快来试试看！

我的旅行纪念照

为了留下旅行时的美好回忆，我用相机咔嚓咔嚓照了很多很多照片！
照片里有超多我以前从来没见过的珍奇的东西呢！

●小朋友，你知道右上角的五张照片分别是在哪里照的吗？

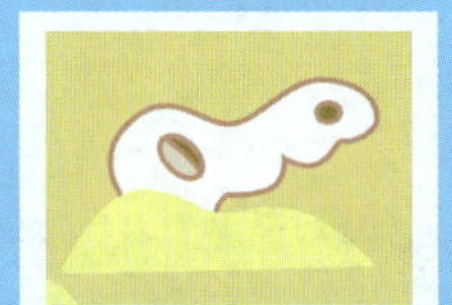

18

游乐园的观光车

我终于来游乐园玩啦！好开心！好激动呀！

小朋友快来帮帮我，和我一起找到终点处的观光车吧！

●小朋友们要注意，有其他观光车经过或者有商店的地方是不能通过的哦！

起点

终点

牧场里的悠闲日子

我在牧场里玩耍，悠闲地眺望着远处的马群。
哎呀！居然发现了一模一样的马儿！

- 请找出三匹和箭头所指的马儿一模一样的马儿！
- 要仔细观察马儿的表情还有尾巴哦！

盛开的花

将有粉色圆点的空格涂满颜色，就会出现美丽的花朵。
小朋友快涂涂看，到底会出现什么样的花朵呢？

港口的小船

港口那里停着好多船呀！
哎呀！居然有完全相同的船停在港口！小朋友快来一起找找看吧！

- 请找出一艘和红色箭头所指的船完全相同的船。
- 请找出一艘和蓝色箭头所指的游艇完全相同的游艇。

镜子里的小精灵

小精灵正躺在花瓣上休息。
照在镜子里的小精灵会是什么样的呢？小朋友快来选一选。

●请在下面四幅图中选出一幅和示例的小精灵左右完全相反的。

示例

挑战滑雪运动

和我一起沿着滑雪道滑雪吧！
小朋友你能不摔跟头到达终点吗？

●路上要小心，别撞到大树哦！

起点

终点

24

哪一种水果最重

我正在比较橘子、苹果和草莓的重量呢！
小朋友快来帮我看一看到底哪一种水果最重。

●重的那一边天平会向下倾斜哦！

露营地里的捉迷藏

开心的露营地的图片里居然藏着五个汉语拼音哦！
快把它们找出来当作我们的午餐吧！

●请在下图中找出“h”“e”“f”“a”“n”这五个汉语拼音。

迷路的小羊

哎呀！小羊在牧场里迷了路，找不到羊妈妈了！小朋友，让我们一起帮助小羊回到羊妈妈的怀抱吧！

●从起点出发，向着终点前进吧！

小羊

起点

终点

羊妈妈

回到地球

宇宙探险终于结束了，我要回地球啦！
小伙伴们都在等着我，我能平安地回到地球吗？小朋友快来帮帮我！

- 沿着行星之间的路，向着终点处的地球前进吧！
- 有宇航员、流星或人造卫星出现的地方是不可以通过的哦！

花蜜的诱人香气

小蜜蜂的肚子饿啦！
让我们和小蜜蜂一起到花园采集花蜜吧！

- 从起点出发，向着终点前进！
- 有小蝴蝶飞舞的地方是不可以通过的哦！

和小伙伴一起野餐

今天我和小伙伴一起去野餐啦！
大家一起吃午餐，盒饭都变得超级好吃！

- 大家带去的 和 各有多少个呢？小朋友你能数出来吗？
- 哎呀！有两顶颜色相同的帽子哦！小朋友你找到了吗？

小猫咪的房间

小猫咪们正在房间里一起玩耍。
咦？右边的图跟左边的好像有什么不一样的地方呢！

●左右两幅图中共有五个不同之处，小朋友们快找一找吧！

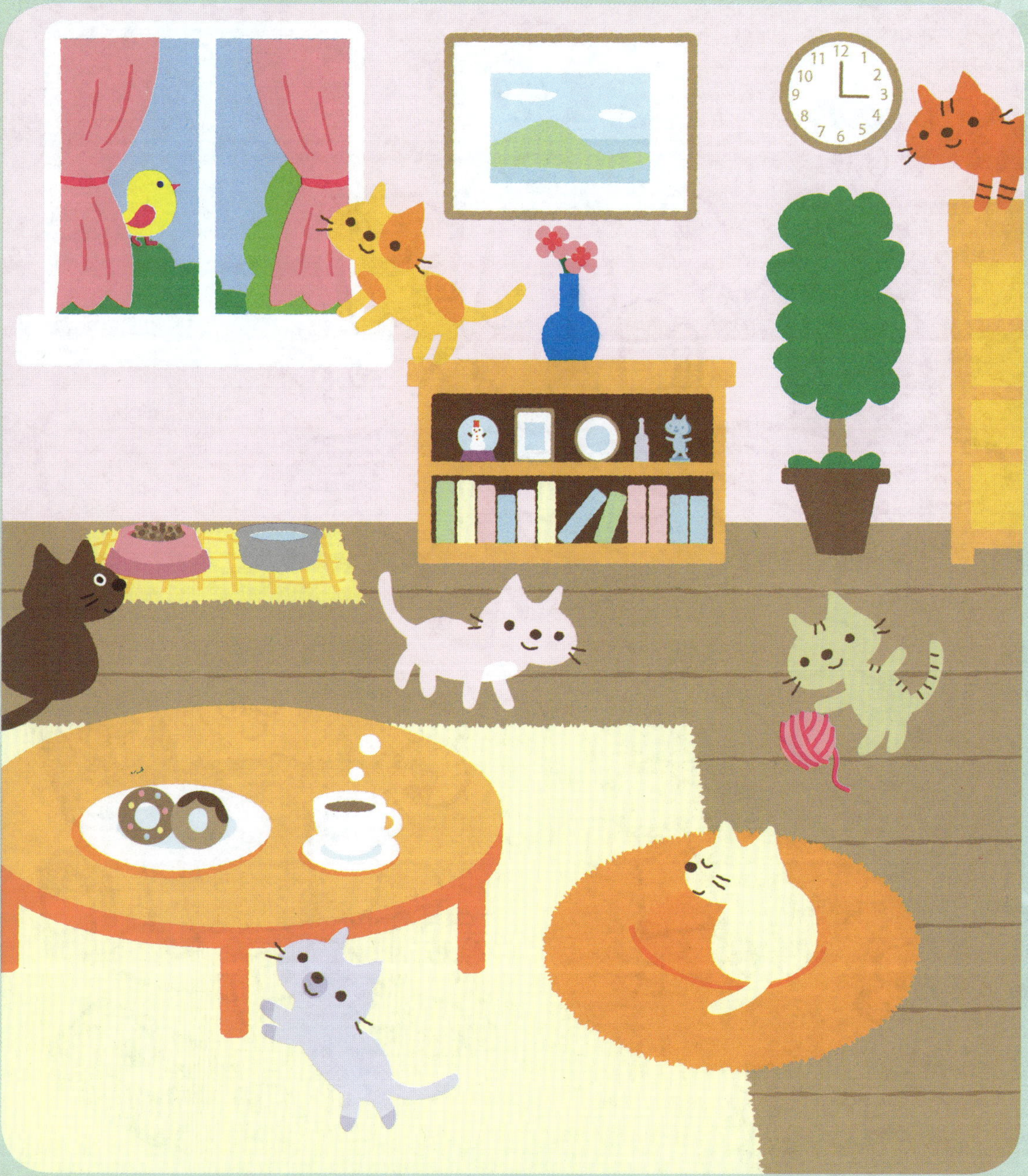

海底乐园

海底真的好热闹呀！
有很多很多的小鱼生活在海底哦！

●有两组小鱼，它们的颜色和样子都一模一样。小朋友你找到它们了吗？

小鼹鼠的冒险之旅

小鼹鼠第一次独自外出玩耍，现在到了该回家的时候了。不在路上和其他小动物玩耍，它才能够快点回到鼹鼠妈妈那里。

● 不要在路上和小蚯蚓、小潮虫、小青蛙玩耍哦！直接回到终点处的鼹鼠妈妈那里吧！

变身时尚达人

我今天偷偷进入了妈妈的房间，
轻轻喷了一点图中的东西，居然一下子就成为
时尚达人了！

●将图中的点按照从1到50的顺序连接起来。小朋友快来试一试，看看我喷的到底是什么东西。

好吃的蛋包饭

今天，我特意来吃超级有名的美味蛋包饭。
不过，到底放在哪张桌子上的才是美味蛋包饭呢？

●到底是哪张桌子的客人点了广告牌子上的菜呢？小朋友要注意菜的搭配哦！

找出不一样的舞者

今天我来欣赏优美的舞蹈啦！
不过，好像有一些舞者跳得不太一样呢！小朋友你发现了吗？

- 请找出舞蹈动作或服装和其他人不一样的四组舞者。
- 小朋友要注意女生裙摆的大小哦！

小松鼠是个贪吃鬼

小松鼠发现了好多蘑菇。
让我们和小松鼠一起出发去采蘑菇吧！

●从起点处出发，向着终点处的蘑菇前进吧！

小松鼠

起点

终点

我喜爱的眼镜和帽子

我喜欢的眼镜和帽子是什么样的，我都告诉你了！
戴上眼镜又戴上帽子后，我到底会变成什么样呢？

●请从图片①~③中选择一个你觉得正确的！

用放大镜观察昆虫

快看！蝗虫、瓢虫和小蚂蚁都趴在叶子上呢。
我的放大镜里出现的到底是哪一组昆虫呢？

● 请找出和我的放大镜里完全一样的一组昆虫。小朋友要注意，完全一样的只有一组哦，别找错啦！

玩具去哪里了

哎呀！小男孩不小心把自己的玩具落在了游乐园的沙坑里。

● 请找出小男孩的四样玩具。

恐龙妈妈在等你呢

今天小恐龙独自出来玩耍，不过现在差不多该回家啦！
小朋友快来帮助小恐龙回到恐龙妈妈那里吧！

●小心！不要在途中被其他可怕的恐龙发现哦！

水族箱里的动物

在大大的水族箱里到底住着什么样的动物呢？
小朋友们快点在空白处画上漂亮的小动物吧！

未来之旅

搭乘可以在天空中飞翔的未来之车，一起去小镇兜风吧！
我喜欢的女孩子正在终点处等着我呢！

●有其他未来之车的地方是不可以通过的哦！

起点

终点

向着天空出发

将下图中有橙色圆点的空格涂满颜色，就会出现可以飞上天空的交通工具哦！
小朋友快涂涂看，到底会出现什么呢？

小兔子的球和游泳圈

在游泳池玩了一会儿，小兔子发现它的球和游泳圈不见了。小朋友快来和小兔子一起找一找它的球和游泳圈吧！

● 小兔子正站在游泳池边找它的球和游泳圈呢！小朋友们快来一起找找看吧！要小心有一些很相似的球和游泳圈，别找错了哦！

小兔子

海底世界的小伙伴

好多的小伙伴正在海底世界一起聚会呢！
小朋友你能成功地将它们分成不同的组吗？

● 请小朋友按照示例，将小伙伴们分成不同的组，使得每组都各有一条小鱼、一只螃蟹、一只扇贝和一株珊瑚。

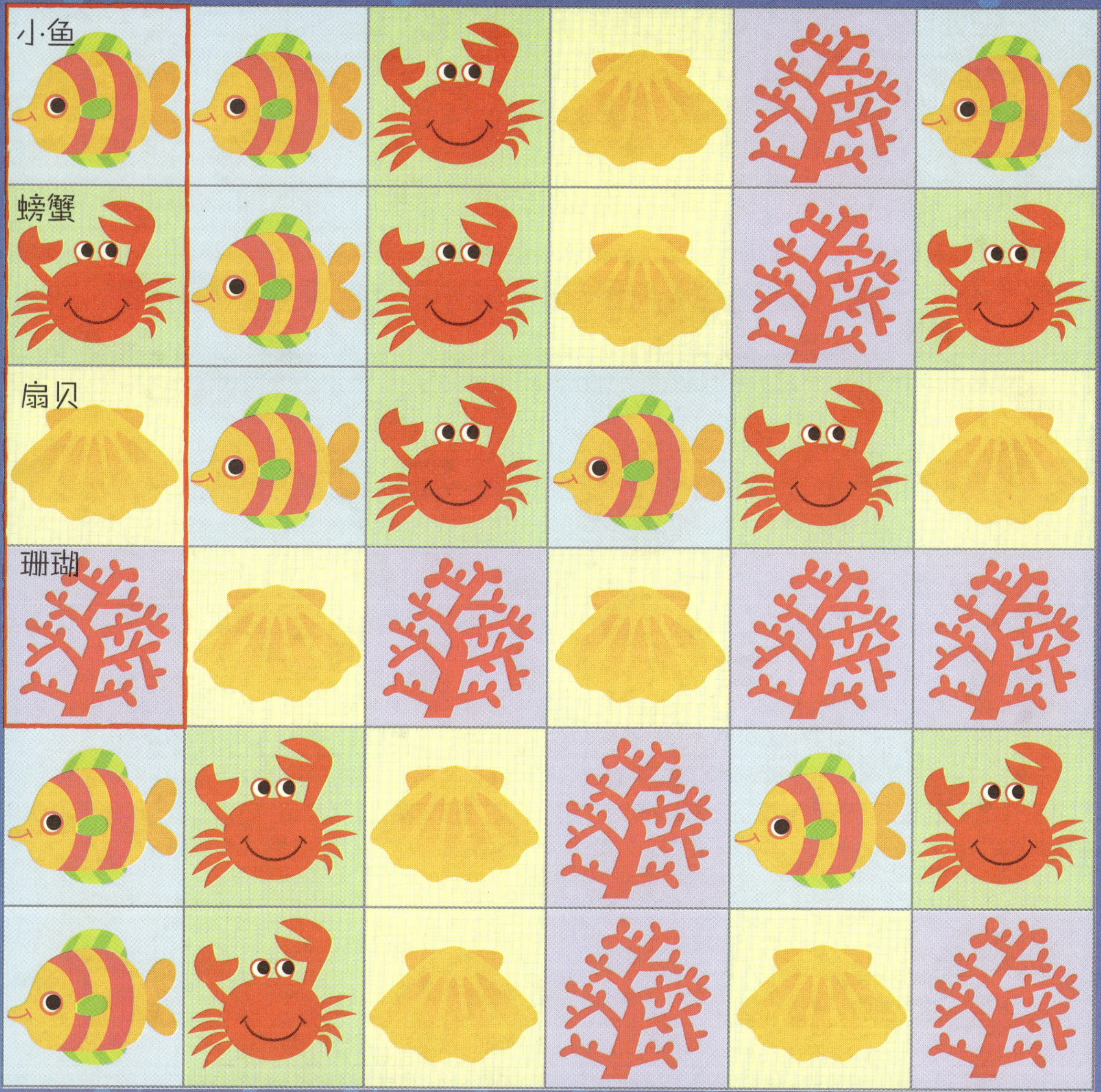

小鱼

螃蟹

扇贝

珊瑚

向着山顶出发

探险家正勇敢地攀登高峰，注意脚下凹凸不平的山路，让我们和他一起向着天边的山顶出发吧！

● 从起点出发，向着终点一步步前进吧！

乘着小船前进

今天我来到海上城堡玩耍。
乘坐起点处的小船，和我一起去美丽的城堡探险吧！

- 从起点出发，向着终点前进吧！
- 有桥的地方是不可以通过的哦！

终点

起点

去菜园里采摘蔬菜

今天妈妈要做很多好吃的沙拉。
让我们一起去菜园里，帮妈妈采摘她需要的蔬菜吧！

● 从起点出发，按照 → → 的顺序，一直向着终点采摘前进吧！

起点

终点

和小动物们一起找到它们

下雪啦！森林里有好多积雪，
有一些很重要的汉语拼音都藏起来了，小朋友快和小动物们一起找到它们吧！

●请在下图中找出“b”“e”“i”“f”“a”“n”“g”这七个汉语拼音。

国王的皇冠

将有粉色圆点的空格涂满颜色，就会出现闪闪发光的东西哦！

小朋友快涂涂看，到底会出现什么呢？

寻找朋友的小鱼

小鱼想要去见见住在海底的朋友。
它能沿着海藻，顺利地找到朋友吗？小朋友快来一起帮帮它吧！

- 从起点出发，向着终点前进吧！
- 有章鱼、乌贼等海洋动物居住的地方是不可以通过的哦！

魔镜啊魔镜

从前有一位非常美丽的公主哦！
魔镜啊魔镜，快将公主在镜子里的样子显现出来吧！

- 镜子里的公主到底会变成什么样子呢？小朋友请找到和示例里的公主左右完全相反的一幅图！
- 小朋友还要注意小鸟的颜色哦！

示例

星空中的迷宫

我正在用望远镜观测天空哦！
跟着星空中的星星一点点前进，一起去看看终点处到底是什么星座吧！

- 星星和星星都被线连接起来了，只能从这些线中间的空隙通过哦！
- 有流星和云朵经过的地方不能通过哦！

56

阿拉丁神灯

今天来到阿拉伯城堡游玩。
轻轻擦拭一下神灯，到底会出现什么呢？

● 将图中的点按照从1到56的顺序连接起来。小朋友快来试一试，看到底会出现什么样的图案。

来到动物园

小朋友快来找找看动物园里穿着同样衣服的人，还有一样的小动物吧！

- 有三个人穿着一样的T恤衫哦！快找找看他们都在哪里吧！
- 有两个人都带着红色的帽子哦！他们在哪里呢？
- 哎呀！那里有一只小鼹鼠！小朋友你发现它了吗？

好多的水果呀

这里有好多的苹果、香蕉和橘子呀！
不过，哪种水果数量最多呢？小朋友们快数一数吧！

去餐厅吃饭
今天我坐着小汽车出门去吃饭。
小朋友你能带领我顺利到达终点处漂亮的餐厅吗？
●要小心道路中断的地方和路上的陷阱哦！
起点
终点
餐厅

一起跳舞

在美丽的舞台上，一个可爱的女孩子正在跳舞！

- 将图中的点按照从1到57的顺序连接起来。小朋友快来猜一猜小女孩在跳什么舞。

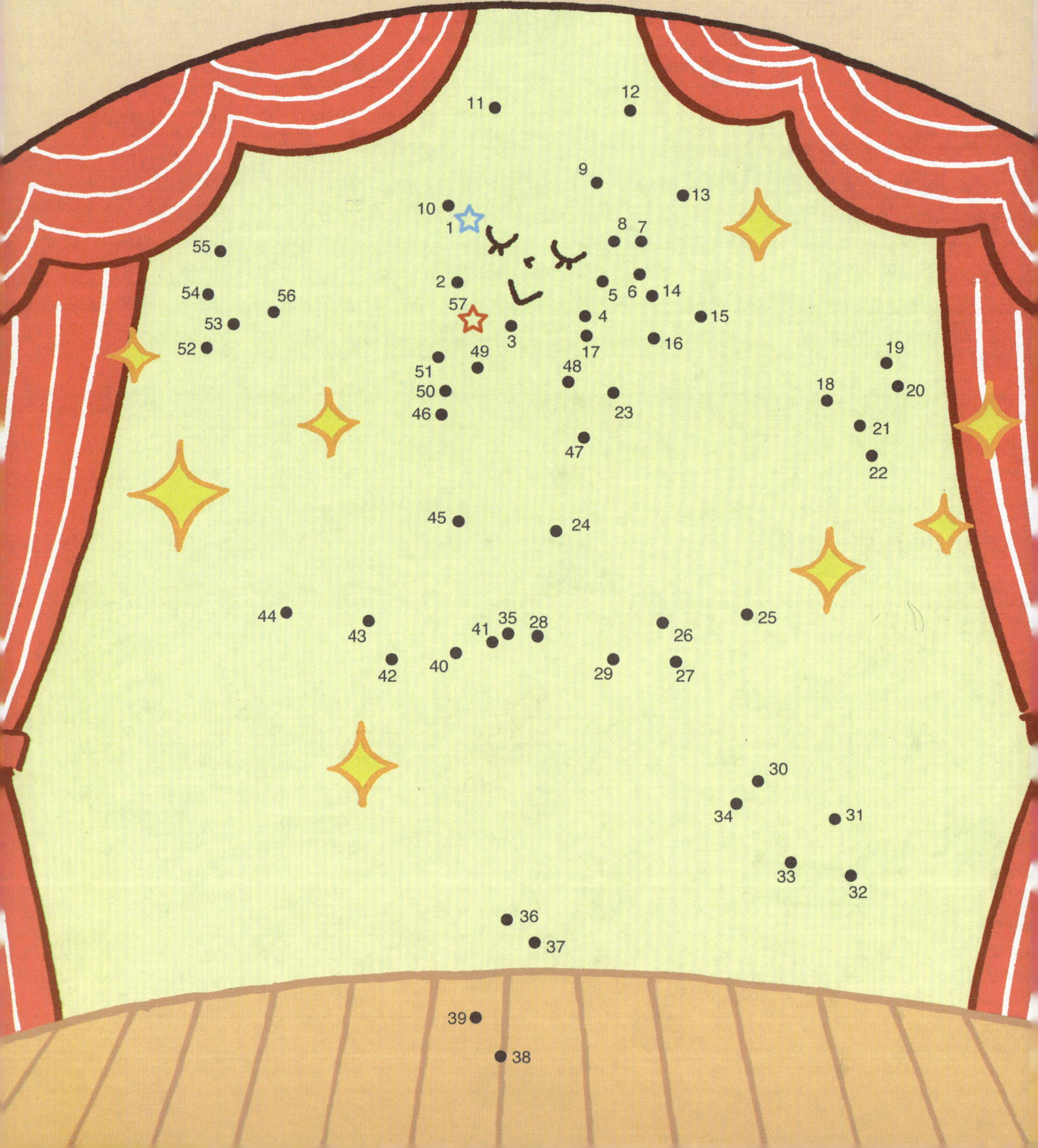

硕果累累的秋天

今天我和小伙伴麦克一起摘了好多的果子！
不过，已经到了该回家的时候了，麦克去了哪里呢？我们得快点找到他呀！

- 从起点出发，去找终点处的麦克吧！
- 被果实挡住路的地方是不可以通过的哦！

哆-来-咪，优美的管弦乐演奏

我今天来听音乐会了。管弦乐演奏旋律非常优美，让我沉醉其中。

不过，仔细一听，好像还是有什么让我觉得在意的地方呀。

●请找出和右上角示例中一样的东西。

示例

浇水的小象

小象去给花园里的花浇水。

- 小朋友快找一找和小象浇的花一样的花在哪里。
- 要仔细观察花的形状，还有花盆的图案哦！

小象

小象浇的花

向着机场前进

哎呀！因为天空中的云遮挡，飞行员看不见跑道啦！
为了能够顺利到达机场，小朋友快来告诉飞行员，飞机应该怎么降落吧！

- 从起点出发，沿着云中的空隙向着机场跑道降落吧！
- 要小心别撞到小鸟和气球哦！

燕子宝宝在哪里

哎呀！鸟巢太多了，燕子妈妈找不到自己的孩子了！小朋友快来帮燕子妈妈找到它的燕子宝宝吧！

- 请找出和箭头所指的燕子宝宝一模一样的燕子宝宝！
- 小朋友要仔细观察燕子宝宝的表情，还有它们的样子哦！

一起去爬山

今天我和小伙伴们一起去爬山。
哎呀！居然有人背着一样的登山包呢！

●请找出三个一样的登山包。它们到底在哪里呢？
●哎呀！居然还有一只小狐狸！小朋友你发现它了吗？

在牧场里散步的动物们

奶牛、小猪、小绵羊、小鸡正在牧场里散步呢！
小朋友数一数哪种小动物最多。

- 数一数不同种类的动物各有几只。
- 小朋友要注意不要数漏了哦！

小蝌蚪的冒险之旅

小蝌蚪们想要一起去找青蛙妈妈。
小蝌蚪们路上不要迷路了呀！小朋友快帮帮它们吧！

● 从起点出发，向着终点处的青蛙妈妈前进吧！

终点

起点

下雨啦！下雨啦

将有绿色圆点的空格涂满颜色，就会出现一只特别喜欢下雨的小动物哦！

小朋友快涂涂看，到底会出现什么小动物呢？

大口大口吃意面

我最爱的意大利面居然变成了一个迷宫！
只有顺利通过迷宫，到达终点，才能开始吃哦！

- 要从叉子的起点处开始出发哦！
- 中间涂满番茄酱的地方是不可以通过的哦！

起点

终点

我想要的魔法

会魔法的小女孩念起了特别的咒语！
到底会出现什么样的魔法呢？

●在空白处画上你想要的魔法，让小伙伴们都大吃一惊吧！

和大家一起玩怪物游戏

今天我和小伙伴们一起玩怪物游戏！
到底哪些图是和我手中的怪物图案一样的呢？

● 请在下图中找出和我手中的怪物图案一样的三幅图。小朋友们要注意怪物的样子和姿势哦！

奔跑吧

将有粉色圆点的空格涂满颜色，就会出现一种特别擅长奔跑的动物哦！

小朋友快涂涂看，到底会出现什么动物呢？

探险家的大危机

探险家正在探险，火山突然喷发了！哎呀！到处都是火！怎么办？
小伙伴正在终点等着他！得快点跑到终点才安全。

● 沿着露出河面的石块，向着终点快点跑吧！
● 要小心着火的地方是不可以通过的哦！不然会被烧伤的！

文具拼图

哎呀！我要赶快收拾好文具去上学了！

●请小朋友按照示例，将文具铅笔 橡皮 剪刀 尺子 圆珠笔 分类，使同一种文具都框在同一个区域内。

冬日冰雪节

让我们一边欣赏美丽的冰雕，一边去找终点处的小伙伴吧！

●正在施工的地方是不可以通过的哦！

美丽的贵妇画像

示例是一幅装裱好了的贵妇画像。如果这幅画照在镜子里，它会是什么样子的呢？
小朋友请选出你认为正确的那一幅画吧！

●应该选择和示例左右完全相反的那一幅画哦！

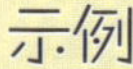

乘快艇环游世界

正在环游世界的我来到了一片有着很多小岛的海域！
让我们一边欣赏沿途美丽的风景，一边向着终点处的港口前进吧！

●要注意避开途中的海洋动物哦！

野营里找不同

今天我和家人一起开心地去野营！
咦？左右两图好像有什么不一样的地方呢！

- 请小朋友认真比较这两幅图。
- 它们共有五个不同之处，小朋友你发现了吗？

进球啦

足球比赛开始啦！
好好踢球，最后一脚射门！

●穿过没有人防守的地方，向着球门前进吧！

起点

终点

南边的神秘小岛

在神秘小岛上有一些奇怪的石像。
居然有一些文字藏在这里，让我们一起去找一找吧！

- 请在下图中找出"y""i""n" g"这四个汉语拼音。
- 要仔细观察，草地里还有石头哦！

一起畅快地游泳

将有粉色圆点的空格涂满颜色，就会出现一只特别擅长游泳的小动物哦！

小朋友快涂涂看，到底会出现什么呢？

厨房找找乐

厨房里有好多东西呀！
我发现厨房里有三组含三个一样的东西，小朋友你找到了吗？

- 请找一找颜色和形状都一样的东西。
- 三个一模一样的东西一共有三组哦！好好找一找吧！

箭头藏在哪里呢

图中一共藏有五个箭头⇧哦！
快找找它们都在哪里吧！

●箭头有大的也有小的，还指着不同的方向。一定要仔细观察哦！

恐龙的家

虽然有可怕的恐龙生活在高山上，勇者也要去攀登高山呢！

- 小朋友们快指引勇者从起点登上终点的顶峰吧！
- 有可怕的恐龙居住的地方是不可以通过的哦！

有趣的剪纸

沿着折纸上的线用剪刀剪开，然后再将折纸展开，到底会出现什么东西呢？

●请在图①~③中选择你认为正确的一幅。

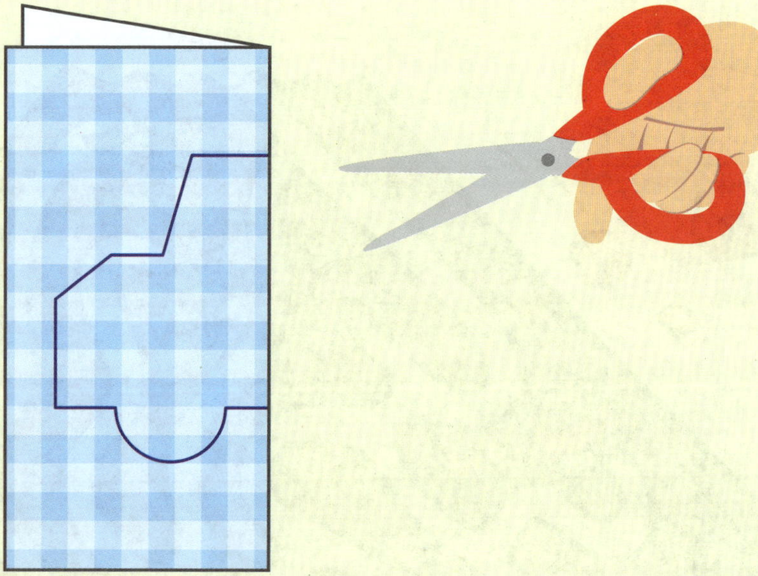

②

①

③

从鸡蛋变成小鸡

小鸡从鸡蛋里破壳而出，现在已经长成一只漂亮的公鸡啦！

● 从起点出发，按照 → → 的顺序向着终点前进吧！

最喜欢鱼的动物

将有橙色圆点的空格涂满颜色，就会出现一只特别的小动物哦！让我们和它一起玩耍吧！

小朋友快涂涂看，到底会出现什么动物呢？

橱窗里的手机

姐姐给我推荐了一款新的手机。
手机店的橱窗里有三款和它一样的手机哦！小朋友快帮我一起找一找吧！

●要仔细观察手机的形状和屏幕哦！

河里的文字游戏

河里有好多的小鱼游来游去，热闹又有趣！
咦？好像有一些汉语拼音藏在河里了，小朋友你能找到它们吗？

- 要仔细看河底的小石子和大石块哦！
- 请在下图中找出“k”“u”“a”“i”“l”“e”这六个汉语拼音。

欢迎你！远方的客人

海豚和鲸鱼一起去欢迎从远方回来的船。
它们能平安地将船引导到灯塔那里吗？

狼来啦

为了让小红帽能顺利地到达奶奶家，小朋友快来帮她找到正确的道路吧！

●有狼出没的地方是不可以通过的哦！

终点
奶奶家

我是大象！很大很大的象

哎呀！我的身体变得乱七八糟的了。小朋友快帮忙把我的身体恢复原样吧！
你能猜到我是什么动物吗？

- 请将四幅图按照正确的顺序排列。
- 会出现很可爱的动物哦！快来试一试吧！

寻找星座

小兔子和小猫咪正在寻找星座呢！不过，星座到底在哪里呢？让我们来帮它们一起寻找吧！

●请找出和图正中央示例一样的星座。

神奇的金鹅

公主很不开心。可是，如果抱着金鹅的人顺利来到公主的面前，公主就会被这个人逗笑了。

让我们帮助抱着金鹅的人走到终点，去见公主吧！

●沿着城市中的道路前进吧！路的尽头是不可以通过的哦！

起点

终点

开心的购物

今天我和小伙伴们一起去买东西了。
哎呀！居然有人买了相同的东西！
到底哪两个购物篮里的东西是相同的呢？

● 从所有购物篮里，找到两个里面放的东西和数量都一样的购物篮。

从城堡回家

杰克沿着大豆藤蔓来到了美丽的城堡。
他拿到了闪闪发亮的竖琴，现在要回去啦！

●从起点出发，沿着大豆藤蔓回家吧！

杰克

起点

终点

小松鼠的午餐

小松鼠们正在品尝美味的松果。

- 请找出一只和示例一模一样的小松鼠。
- 要注意小松鼠的表情、面对的方向，还有手里拿着的松果哦！

海盗的藏宝屋

藏宝屋里有好多宝藏啊！它们都是海盗们从海底发现的。
咦？居然有两个一模一样的宝箱呢！

● 小朋友快找找颜色和形状都一样的宝箱吧！

过生日啦

在空盘子上画上你喜欢的食物吧！
小朋友要多画一点哦！

谜之城市探险

这座城市里好像埋藏着过去的秘密哦！
让我们一起向着神殿出发！去冒险吧！

- 被倒下的柱子以及大石块堵住的道路是不可以通过的哦！
- 要小心那些危险的蛇哦！

神殿
终点
起点

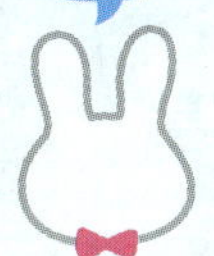

来自未来的朋友

将图中有紫色圆点的空格涂满颜色，就会出现一位来自未来的朋友哦！

小朋友快涂涂看，到底是谁呢？

小动物们集合啦

从小房子出发，向着大房子前进，按规定的顺序将途中的动物们集合起来吧！

●按照→→ → 的顺序向着终点处的大房子前进吧！

起点

终点

绿色植物的分类

请小朋友按照示例，将卷心菜 胡萝卜  盆栽

花  树  分类，把同一种植物都框在同一个区域里。

野生动物园探险之旅

今天我来到野生动物园，看到了好多的野生动物呀！

- 从起点出发，向着终点前进吧！
- 被小树、小动物和标牌挡住的路是不可以通过的哦！

起点

终点

我最爱的蛋包饭

桌子上有好多妈妈给我做的蛋包饭呀！
好想快点吃掉它们！

●请找出三份和小男孩想吃的蛋包饭一模一样的蛋包饭。
●小朋友要仔细观察番茄酱的形状哦！

我想吃的是
这个！

拔胡萝卜的小兔子

小兔子妈妈让小兔子去拔一些胡萝卜。
拔完胡萝卜的小兔子准备回家找妈妈啦！

●穿过胡萝卜中间的空隙，从起点出发，向着终点前进吧！

传说中的名吉他
今天我来到乐器店买吉他。
传说中那有名的吉他到底在哪里呢？
●请找出和示例一模一样的吉他。
要注意吉他琴弦的数量哦！
示例

溜冰场里找不同

看着溜冰小女孩美丽的舞蹈，大家都开心地露出了笑脸。咦？好像有什么不一样的地方呢！

●左右两幅图中共有五个不同之处，小朋友们快找找看吧！

寻找气象标识

这里有许多的气象标识，有一模一样的标识哦！
它们到底在哪里呢？小朋友快来找一找吧！

●一样的气象标识有两组哦！

渡过圆木桥

河对岸住着我的好朋友，今天我要去找她玩。
不过，我能顺利地渡过宽宽的河面吗？

●从起点出发，沿着圆木和石块向着终点处的好朋友前进吧！

起点

终点

我的生日蛋糕

我今天过生日，收到生日蛋糕了哦！
不过，从镜子里看，我不知道到底哪一个才是我的蛋糕了！

●最上面的那款蛋糕照到镜子里，它会变成什么样子呢？快找一找吧！
●在镜子里，蛋糕的左右会变得完全相反哦！

搭乘越野车

草原上住着很多可怕的动物！
要想去草原探险，就得坐上终点处的越野车。让我们一起去搭乘越野车吧！

●有动物在玩耍以及被岩石挡住的路，是不可以通过的哦！

发现大宝藏

哎呀！我终于发现了巨大的宝石箱子！
不过仔细看一看，洞穴里好像隐藏了什么信息！

●请在下图中找出"b""a""o""w""u"这五个汉语拼音。

忍者来访

在明亮的月夜，忍者们悄悄潜入了城堡中。
不过，在有些图片里，忍者们看上去好像不太一样呢！

●请找出三幅和左上角的图一样的图。

小矮人来啦

小矮人来到了蘑菇森林里。
穿过森林继续前进，小矮人就可以见到好朋友啦！

- 从起点出发，向着终点前进吧！
- 要小心途中的树桩和圆木哦！

人气美容院

我今天趴在美容院的窗户上，偷偷看了看美容院里面的样子。哇！我居然看到了一样的东西！

- 美容院里有两个人的发型一模一样哦！你找到她们在哪里了吗？
- 美容院里有两个一样的包包，小朋友你发现了吗？

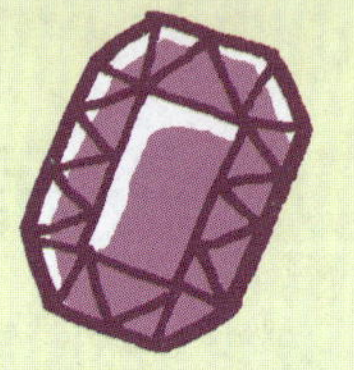

乱七八糟的项链

项链的链子都缠在一起了！
看上去简直像迷宫一样！

●沿着项链中间的空隙，一起向着终点前进吧！

起点

终点

可爱的小狗

这里有好多可爱的小狗呀！

有没有一样的小狗呢？小朋友快来找一找。

●请找出一只和箭头所指的小狗一样的小狗。

●要注意观察小狗的表情、姿势还有身体的长度哦！

好多金鱼

鱼缸里有三种不同的金鱼呢！
让我们按照下述的顺序向着终点出发吧！

● 沿着水草，按照 → → 的顺序向着终点前进吧！

起点

终点

偷吃零食的家伙

我在外面的空地上玩着玩着觉得肚子饿了。
咦？到底是谁吃了我的零食！

●将图中的点按照从1到47的顺序连接起来。
●根据画出来的图，小朋友快来猜一猜到底是谁偷吃了我的零食。

向着宝箱前进

让我们一起穿过魔鬼和妖怪居住的沙漠，向着宝箱出发吧！

- 从起点出发，向着终点的宝箱前进吧！
- 要沿着没有魔鬼和妖怪的安全地带前进哦！

起点

终点

丛林里的大力士

将图中有蓝色圆点的空格涂满颜色，就会出现一只又聪明又厉害的动物哦！
小朋友快涂涂看，到底会出现什么呢？

冰雪王国之旅

各种各样可爱的小动物们正在冰面上玩耍。
咦？左右两幅图好像有什么不一样的地方呢！

●左右两幅图中共有五个不同之处，小朋友们快找找看吧！

最爱的香蕉

丛林里的小伙伴们正在吃香蕉。
这里藏着一些汉语拼音哦！小朋友你能找到它们吗？

●请在下图中找出"g""u""o""s""h""i"这六个汉语拼音。

s

u

i

h

o

g

今天要做些什么呢

小女孩正在思考问题。
她在想什么呢？小朋友们来画画看吧！

●在小女孩的对白框中，画上漂亮的画或者写上漂亮的字吧！

耶！到达终点啦

我今天来参加马拉松大赛。
向着终点，快！跑起来吧！

●要注意途中走不通的地方哦！从起点出发，向着终点前进吧！

起点

终点

最喜欢花蜜

将图中有橙色圆点的空格涂满颜色，就会出现一只拥有美丽翅膀的小昆虫哦！

小朋友快涂涂看，到底会出现什么呢？

我的床在哪里

哎呀！我好像有点困了。
小朋友们快来帮我找一找我的床到底在哪里吧！

小矮人的家

小矮人的房子是用蘑菇做的呢！
小房子照在镜子里的话，会变成什么样子呢？小朋友快来找找看哪一个镜子里的小房子是正确的吧！

- 照在镜子里的东西左右会变得完全相反哦！
- 要注意房子的窗户和烟囱的形状哦！

向着池塘游啊游

外出的鱼妈妈要回家啦！小鱼们都在家里等着它呢！
让我们一起帮助鱼妈妈回到池塘吧！

- 让我们顺着水流，向着终点前进吧！
- 有岩石的地方是不可以通过的哦！

起点

终点

漂亮的小洋装

橱窗里有好多我喜欢的小洋装呀！

●请小朋友按照示例，将橱窗分成不同区域，使得每个区域内都有一条连衣裙、一条长裤、一只鞋子和一顶帽子。

纸牌游戏

这里有好多的纸牌呀！
让我们按照以下的顺序出发，向着终点前进吧！

●从起点出发，按照♥→♣→♦→♠的顺序前进吧！

花丛中的爱心

在花丛中隐藏了六个♡哦！

● 要注意爱心的大小是各不相同的哦！

熊猫森林

小熊猫和小伙伴约好一起玩。
我们来帮助它找到终点处的小伙伴吧！

- 有其他熊猫的地方是不可以通过的哦！
- 沿着没有熊猫的地方前进吧！

万圣节的文字游戏

万圣节的夜晚，就是要和魔鬼怪物一起聚会！
到底谁会第一个找到图中的汉语拼音呢？

●请在下图中找出“n”“ü”“w”“u”这四个汉语拼音。

耶！第一名

在幼儿园举办的运动会上我得了第一名哦！
不过，左右两张运动会的照片好像有不一样的地方。

●左右两幅图中共有五个不同之处，小朋友们快找找看吧！

一样的礼物

哇！我收到了好多礼物！好开心呀！
咦？居然会有一模一样的礼物！

●请找出两组一样的礼物。

船的照片

有四张照片掉到海里去啦！
不过，这里面有一张不是这艘船的照片哦！小朋友你找到了吗？

●变换一下照片的方向，仔细找找看吧！

脑袋里的好主意

啊！我终于想到了一个有趣的主意！
快来看看我的小脑袋里在想什么吧！

●穿过我的小脑袋，去点亮终点处的智慧之灯吧！

动物之王

只要将下面的四张图片按照正确的顺序排列，就会出现动物之王哦！

- 有些图片要上下反过来看一看哦！
- 小朋友好好想一想吧！

下雪啦！下雪啦

美丽的雪花居然变成了迷宫！
让我们和雪精灵一起出发吧！

●穿过雪花的迷宫，向着终点前进吧！

起点

终点

救救小蝴蝶

为了不让小蝴蝶被大蜘蛛抓到，小朋友们快来帮助小蝴蝶走安全的道路吧！

●要穿过蜘蛛网，从起点到达终点哦！

欢迎来到鳄鱼岛

粉色的小鳄鱼邀请我来到鳄鱼岛。
咦？好像有很多看上去一样的小岛呢！

●请找出一幅和示例的鳄鱼、小岛组合一样的图片。
它到底是哪一幅呢？

示例

花丛中的点点相连

花园里开了很多可爱的小花。
花丛中到底藏着什么图案呢？

● 将图中的点按照从1到68的顺序连接起来，小朋友快来猜一猜到底会出现什么样的图案。

43 39 42 44 47 40 46 41 57 23 45 56 24 21 59 38 22 58 48 19 61 60 20 65 62 18 64 63 68 66 51 25 36 55 50 3 2 11 4 67 12 5 6 10 13 49 37 1 14 9 35 17 26 7 8 16 15 54 52 31 34 27 53 28 33 32 30 29

想变成蝴蝶的毛毛虫

小毛毛虫大口大口地吃叶子，就能变成美丽的蝴蝶哦！

●从起点出发，向着终点前进吧！

起点

终点

哇！全都是自行车

路上到处都是相似的自行车。
小朋友，我们一起来找一样的自行车吧！

● 请找出三辆和左上角那部一样的自行车。
● 要注意车轮还有车篮的大小哦！

双胞胎美人鱼

美人鱼拉拉为了不让美人鱼莉莉迷路，用鱼泡泡给她造了路哦！

●从起点出发，避开有鲨鱼和螃蟹的地方，向着终点前进吧！

起点

莉莉

终点

拉拉

有趣的马戏团

小丑和动物们一起组成了有趣的马戏团！
快看！马戏团里有颜色和形状都一样的东西呢！

- 有两个球的条纹一模一样哦！小朋友你找到它们了吗？
- 有两顶一样的帽子哦！快找找它们在哪里！

好多要洗的衣服

天啊！我们有好多要洗的衣服呀！
快数一数，数量最多的是哪种衣服。

糟糕！马儿逃跑了

对牧童来说最重要的马儿跑到终点处去了。
从起点出发，我们一起去找回马儿吧！

●有仙人掌、其他的马儿和大熊的地方是不可以通过的哦！

是什么乐器呢

将图中有绿色圆点的空格涂满颜色，就会出现一种乐器哦！让我们一起来演奏吧！

小朋友快涂涂看，到底会出现什么呢？

圣诞礼物

●小朋友快把圣诞老人带到终点处小男孩的床边吧!

魔术师的帽子

魔术师的帽子里会出现什么东西呢？
小朋友快画上美丽的图案，让小伙伴们都大吃一惊吧！

宇宙大探险

宇航员在图中留下了一些信息哦！
小朋友快来一起找一找吧！

●请在下图中找出“h”“u”“o”“x”“i”“n”“g”这七个汉语拼音。

卖唱人的小毛驴

和快乐的卖唱人一起去沙漠探险，寻找终点处的小毛驴吧！

●穿过仙人掌中间的空隙，向着终点前进吧！

起点 →

↓

终点

我的孔雀朋友

这里有好多的小孔雀呀！
我的孔雀朋友到底是哪一只呢？快和我一起找到它吧！

- 请找出和示例一样的孔雀。
- 要仔细观察孔雀的羽毛数量，还有图案哦！

迷路的七星瓢虫

七星瓢虫在花丛里迷路了。
小朋友们快告诉它怎样才能到达终点处的出口吧！

- 沿着菊花和叶子中间的空隙，向着终点出发！
- 菊花盛开的地方是不可以通过的哦！

参考答案

1 小动物的聚会

2 盛开的玫瑰花

4 寒冬时节的海盗团

5 小熊是钓鱼达人

6 去辽阔的大海探险

7 葡萄园里的追逐战

8 动物园里的人气王

9 一起来找东西吧

11 想吃鱼的小企鹅

12 和你一起去全世界

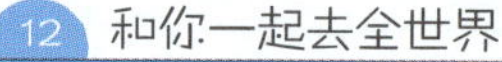

答案是 汽车

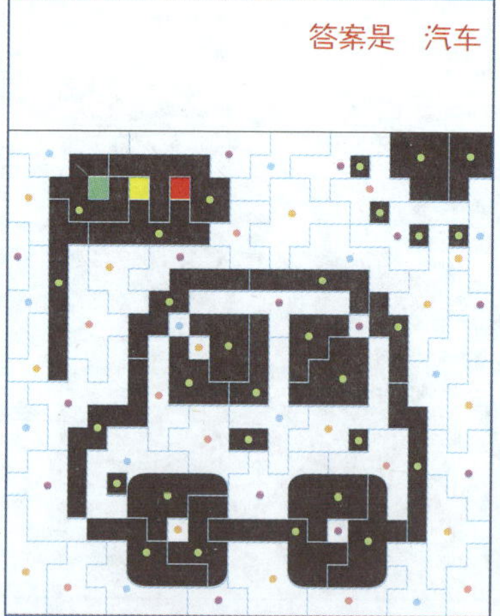

13 和小黄鸟一起玩耍

14 乱七八糟的首饰盒

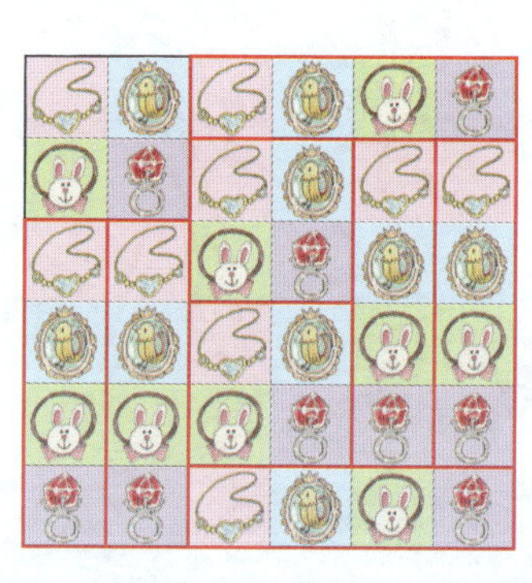

15 欢迎来到幽灵之城

16 我的旅行纪念照

18 游乐园的观光车

牧场里的悠闲日子

20 盛开的花

答案是 郁金香

21 港口的小船

22 镜子里的小精灵

23 挑战滑雪运动

24 哪一种水果最重

答案是 苹果

25 露营地里的捉迷藏

26 迷路的小羊

27 回到地球

28 花蜜的诱人香气

29 和小伙伴一起野餐

30 小猫咪的房间

32 海底乐园

33 小鼹鼠的冒险之旅

34 变身时尚达人

35 好吃的蛋包饭

36 找出不一样的舞者

37 小松鼠是个贪吃鬼

38 我喜爱的眼镜和帽子

39 用放大镜观察昆虫

40 玩具去哪里了

41 恐龙妈妈在等你呢

43 未来之旅

44 向着天空出发

45 小兔子的球和游泳圈

46 海底世界的小伙伴

47 向着山顶出发

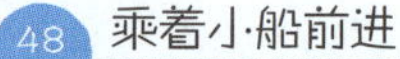

48 乘着小船前进

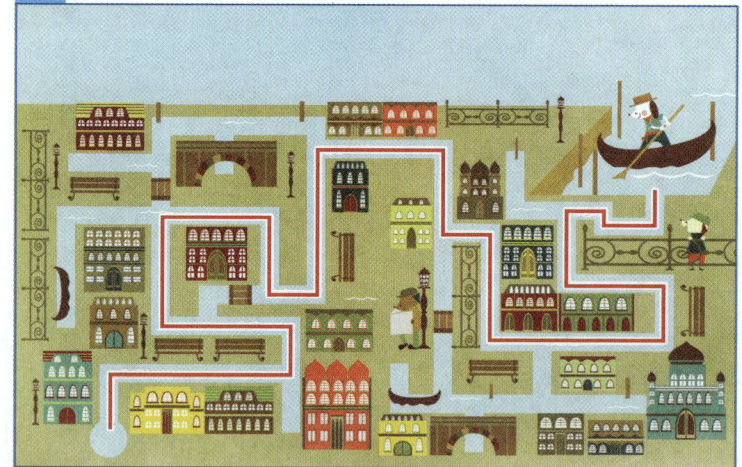

50 去菜园里采摘蔬菜

51 和小动物们一起找到它们

52 国王的皇冠

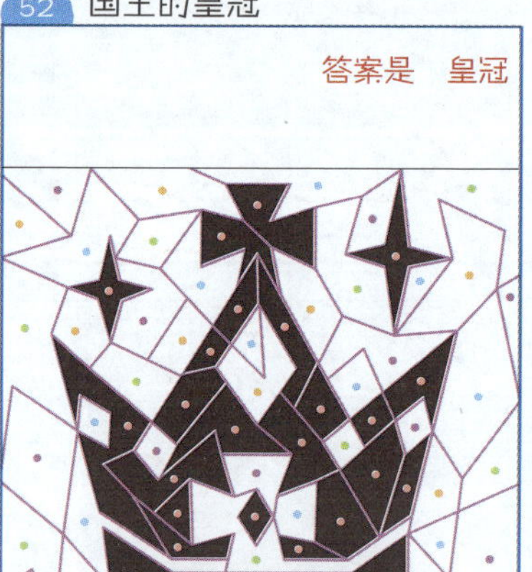

答案是　皇冠

53 寻找朋友的小鱼

54 魔镜啊魔镜

55 星空中的迷宫

56 阿拉丁神灯

答案是　阿拉丁神灯

57 来到动物园

58 好多的水果呀

59 去餐厅吃饭

60 一起跳舞

61 硕果累累的秋天

62 哆－来－咪，优美的管弦乐演奏

64 浇水的小象

65 向着机场前进

66 燕子宝宝在哪里

67 一起去爬山！

68 在牧场里散步的动物们

69 小蝌蚪的冒险之旅

70 下雨啦！下雨啦

71 大口大口吃意面

73 和大家一起玩怪物游戏

74 奔跑吧

75 探险家的大危机

76 文具拼图

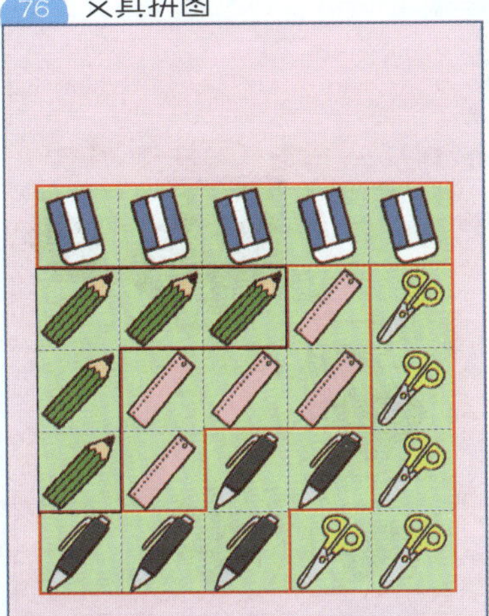

77 冬日冰雪节

78 美丽的贵妇画像

79 乘快艇环游世界

80 野营里找不同

82 进球啦

83 南边的神秘小岛

84 一起畅快地游泳

答案是 鱼

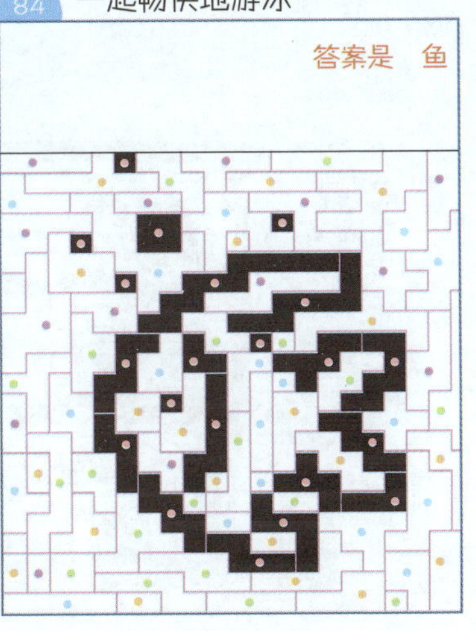

85 厨房找找乐

86 箭头藏在哪里呢

87 恐龙的家

88 有趣的剪纸

答案是 ③所示的小汽车

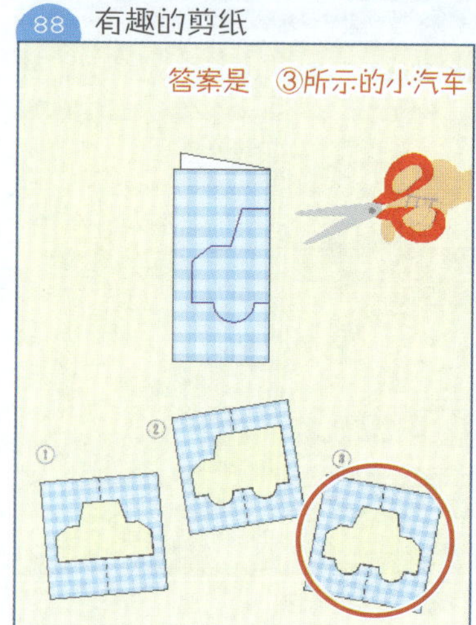

89 从鸡蛋变成小鸡

90 最喜欢鱼的动物

答案是 小猫

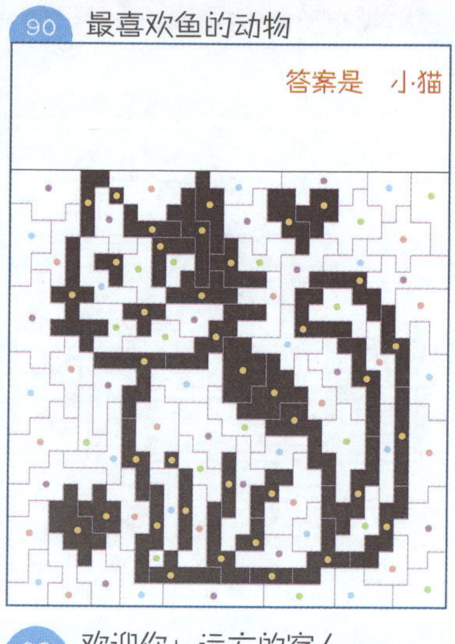

91 橱窗里的手机

92 河里的文字游戏

93 欢迎你！远方的客人

94 狼来啦

96 我是大象！很大很大的象

97 寻找星座

98 神奇的金鹅

99 开心的购物

100 从城堡回家

101 小松鼠的午餐

102 海盗的藏宝屋

104 谜之城市探险

105 来自未来的朋友

答案是　机器人

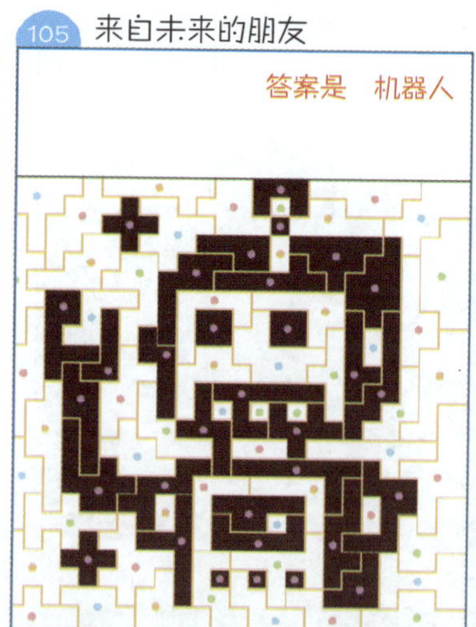

106 小动物们集合啦

107 绿色植物的分类

108 野生动物园探险之旅

109 我最爱的蛋包饭

110 拔胡萝卜的小兔子

111 传说中的名吉他

112 溜冰场里找不同

114 寻找气象标识

115 渡过圆木桥

116 我的生日蛋糕

117 搭乘越野车

118 发现大宝藏

119 忍者来访

120 小矮人来啦

121 人气美容院

122 乱七八糟的项链

123 可爱的小狗

124 好多金鱼

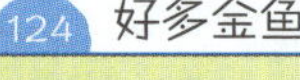

125 偷吃零食的家伙

答案是 毛毛虫

126 向着宝箱前进

127 丛林里的大力士

答案是 熊

128 冰雪王国之旅

130 最爱的香蕉

132 耶！到达终点啦

133 最喜欢花蜜

答案是 蝴蝶

134 我的床在哪里

135 小矮人的家

136 向着池塘游啊游

137 漂亮的小洋装

138 纸牌游戏

139 花丛中的爱心

140 熊猫森林

141 万圣节的文字游戏

142 耶！第一名

144 一样的礼物

145 船的照片

146 脑袋里的好主意

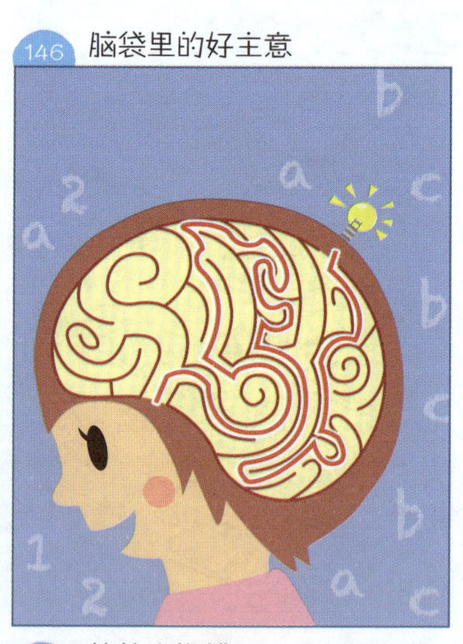

147 动物之王

148 下雪啦！下雪啦

149 救救小蝴蝶

150 欢迎来到鳄鱼岛

151 花丛中的点点相连

152 想变成蝴蝶的毛毛虫

153 哇！全都是自行车

154 双胞胎美人鱼

155 有趣的马戏团

156 好多要洗的衣服

答案是 ，有 5 件。
（其他衣服都只有 4 件。）

157 糟糕！马儿逃跑了

158 是什么乐器呢

答案是 吉他

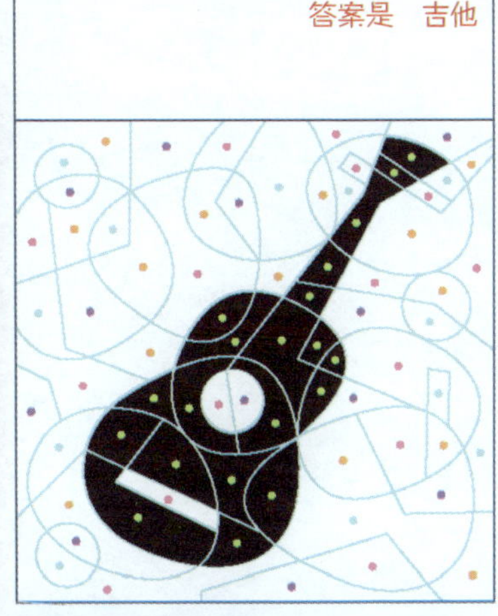

159 圣诞礼物

161 宇宙大探险

162 卖唱人的小毛驴

163 我的孔雀朋友

164 迷路的七星瓢虫

著作权合同登记号：图字13-2016-057
Sagashie・Meiro de Asobukku Pocket

Illustrations by Yuniko Morita / Nori
Originally published in Japan in 2015 by POPLAR Publishing Co., Ltd.
Chinese (Simplified Character only) translation rights arranged
with POPLAR Publishing Co., Ltd. through TOHAN CORPORATION, TOKYO.

图书在版编目（CIP）数据

专注力想象力大冒险 / 日本白杨社编著；陈泽宇译.
—福州：福建科学技术出版社，2018. 10
ISBN 978-7-5335-5496-5

Ⅰ. ①专… Ⅱ. ①日… ②陈… Ⅲ. ①智力游戏－儿童读物 Ⅳ. ①G898. 2

中国版本图书馆CIP数据核字（2017）第294859号

书　　名　**专注力想象力大冒险**
ZHUANZHULI XIANGXIANGLI DA MAOXIAN
编　　著　［日］日本白杨社
译　　者　陈泽宇
出版发行　海峡出版发行集团
福建科学技术出版社
社　　址　福州市东水路76号（邮编350001）
网　　址　www.fjstp.com
经　　销　福建新华发行（集团）有限责任公司
印　　刷　福建省金盾彩色印刷有限公司
开　　本　700毫米×1000毫米　1/16
印　　张　12
图　　文　192码
版　　次　2018年10月第1版
印　　次　2018年10月第1次印刷
书　　号　ISBN 978-7-5335-5496-5
定　　价　38.00元